TANGSHENG XUEFA

唐生学法

福建省晋江市人民检察院 ◎编

中国检察出版社

图书在版编目（CIP）数据

唐生学法 . 第六辑 / 福建省晋江市人民检察院编 . —北京：中国检察出版社，2021.11
ISBN 978-7-5102-2660-1

Ⅰ . ①唐… Ⅱ . ①福… Ⅲ . ①法律—中国—通俗读物 Ⅳ . ① D920.5

中国版本图书馆 CIP 数据核字（2021）第 230731 号

唐生学法（第六辑）

福建省晋江市人民检察院　编

责任编辑：柴凯菲
技术编辑：王英英
美术编辑：曹　晓

出版发行：	中国检察出版社
社　　址：	北京市石景山区香山南路 109 号（100144）
网　　址：	中国检察出版社（www.zgjccbs.com）
编辑电话：	（010）86423749
发行电话：	（010）86423726　86423727　86423728
	（010）86423730　86423732
经　　销：	新华书店
印　　刷：	北京联合互通彩色印刷有限公司
开　　本：	889mm×1194mm　32 开
印　　张：	2.5
字　　数：	49 千字
版　　次：	2021 年 11 月第一版　2021 年 11 月第一次印刷
书　　号：	ISBN 978-7-5102-2660-1
定　　价：	20.00 元

检察版图书，版权所有，侵权必究
如遇图书印装质量问题本社负责调换

目录

- 第一回：什么！竟然只是为了吃…… /1
  - 芳芳有约——森林防火 /6
- 第二回：袭警行为入刑，让执法底气更足 /11
  - 芳芳有约——袭警罪 /14
- 第三回：向新型毒品说 NO！ /21
  - 芳芳有约——贩卖毒品罪 /29
- 第四回：谁的人生都不容顶替 /37
  - 芳芳有约——冒名顶替罪 /45
- 第五回：给"老赖"戴上紧箍咒 /49
  - 芳芳有约——非法利用信息网络罪 /54
- 第六回：莫让假币乱了套 /61
  - 芳芳有约——伪造货币罪 /72

第一回：
什么！竟然只是为了吃……

过了五分钟……

消防队、公安、林业等部门全力将火扑灭……

又过了十分钟……

原来是大妈为了吃蜂蛹补充所谓的胶原蛋白而引起了火灾……

第一回：什么！竟然只是为了吃……

芳芳有约

本期话题——森林防火

五里桥茶馆

芳芳，你知道大妈的事情了吗？

经鉴定，大妈造成的森林火灾过火林地面积338.5亩，造成林木直接损失价值12.8万元。大妈的行为，可能涉嫌失火罪。

失火罪：

是指由于行为人的过失引起火灾，造成严重后果，危害公共安全的行为。犯失火罪的，处3年以上7年以下有期徒刑；情节较轻的，处3年以下有期徒刑或者拘役。

失火罪？那与放火罪的区别是什么呢？

如果当天的情形是这样……

全世界只能我一个人美，只能我一个人胶原蛋白满满！剩下的不给你们了，统统烧掉！

唐生、芳芳提醒大家：

欲知后事如何，请看下回分解！

第二回：
袭警行为入刑，让执法底气更足

第二回：袭警行为入刑，让执法底气更足

芳芳有约

本期话题——袭警罪

五里桥茶馆

醉汉打警察？警察叔叔受了点轻微伤。

2021年3月1日起，《刑法修正案（十一）》正式实施，其中"袭警罪"独立成罪，暴力袭击正在依法执行职务的人民警察原为妨害公务罪，现为袭警罪。

两罪有何区别?

| 妨害公务罪 | 袭警罪 |

定罪的变化

原本"妨害公务罪"中规定,暴力袭击正在依法执行职务的人民警察的,从重处罚;2021年3月1日起,《刑法修正案(十一)》将上述款项独立成"袭警罪"。

对象范围不同

对象是一般国家机关工作人员。

对象只能是人民警察。

结果不同

对**手段**进行加重规定，将"使用枪支、管制刀具，或者以驾驶机动车撞击等手段，严重危及其人身安全的"作为袭警罪的法定刑升格条件。

袭警罪的最高刑罚为 7 年有期徒刑

7年？故意伤害的最高刑罚为死刑，那不是很"亏"？

不"亏"。

点赞！"袭警罪"最大限度地保护了人民警察的生命安全！

不只是"故意伤害罪"，如果在袭警的同时，构成以危险方法危害公共安全罪、故意杀人罪、抢劫枪支罪等严重犯罪的，都遵从"从重处罚原则"，以更有效地惩处犯罪。

第二回：袭警行为入刑，让执法底气更足

欲知后事如何，请看下回分解！

第三回：
向新型毒品说 NO！

 唐生学法（第六辑）

试用一阵子后

第三回：向新型毒品说NO！

影剧子
高价收！高价收！瘾犯了，急需好货！价钱不是问题，在线寻求！

小明：哥，我有好东西，需要吗？
影剧子回复小明：要！要！在哪里?！
小明：价格方面……
影剧子回复小明：钱不是问题，快！

第三回：向新型毒品说NO！

几天后……

芳芳有约

本期话题——贩卖毒品罪

五里桥茶馆

芳芳,小明是犯了什么罪?他只是个16岁的学生。

小明涉嫌贩卖毒品罪。

第三回:向新型毒品说NO!

根据刑法及相关司法解释，明知是吸毒人员而向其出售国家管制的精神药品，构成**贩卖毒品罪**。

现在的毒品都披着各色外衣,让人防不胜防啊!

注意,这些都是新型毒品!

"哇咔饮料"
含有一类管制精神类药品γ-羟基丁酸。

"阿拉伯茶"
毒效与海洛因一样,能使吸食者产生兴奋或幻觉。

"麻布烟"
以印度出产的鸦片为原料。

"红豆"
即硝甲西泮。

"彩虹烟"
彩虹烟很可能是二三级毒品混合而成。

"奶茶"
这类毒品大多为冰毒和K粉混合而成。

"曲奇饼干"
从外表看与普通饼干无异，但含有大麻成分。

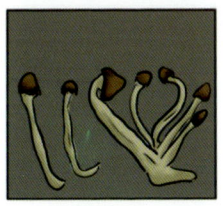
"迷幻蘑菇"
其迷幻成分主要由一种含毒性的菌类植物"毒蝇伞"制成。

"果冻"
其主要成分为新精神活性物质芬纳西泮等。

此外，还有伪装成"减肥药""不眠症治疗药"等药物的，这些都需要引起我们的警惕。

欲知后事如何,请看下回分解!

第三回:向新型毒品说 NO!

第四回：
谁的人生都不容顶替

第四回:谁的人生都不容顶替

第四回：谁的人生都不容顶替

第四回：谁的人生都不容顶替

芳芳有约

本期话题——冒名顶替罪

五里桥茶馆

娜娜太惨了,如果当时能继续上学,她的人生肯定截然不同。

冒名顶替的行为严重危害社会公平,是对教育权、对公民诚信的亵渎!所以,《刑法修正案(十一)》新增了"冒名顶替罪"。

第四回:谁的人生都不容顶替

根据《刑法修正案（十一）》第32条规定，盗用、冒用他人身份，顶替他人取得的高等学历教育入学资格、公务员录用资格、就业安置待遇的，构成"冒名顶替罪"。

	未入刑前	入刑后
后果	通过民事途径来解决	已经构成**刑事犯罪**
惩罚	对侵犯名誉权、姓名权等进行精神和相应的经济补偿。	处3年以下有期徒刑、拘役或者管制，并处罚金。组织、指使他人实施上述行为的，依照上述规定从重处罚。

该罪名入刑,也算是给娜娜最大的慰藉了。

冒名顶替不仅是顶替了一个名字
更是顶替了**别人的人生**!

第四回:谁的人生都不容顶替

欲知后事如何，请看下回分解！

第五回：
给"老赖"戴上紧箍咒

芳芳有约

本期话题——非法利用信息网络罪

五里桥茶馆

芳芳,钱总的行为违法吗?他通过在网络售票系统中篡改身份证上的个别数字,以达到帮助"老赖"购买机票的目的。

当然,钱总的行为已经构成非法利用信息网络罪。

《刑法》第287条之一第1款规定：
利用信息网络实施下列行为之一，情节严重的，处3年以下有期徒刑或者拘役，并处或者单处罚金：
（一）设立用于实施诈骗、传授犯罪方法、制作或者销售违禁物品、管制物品等违法犯罪活动的网站、通讯群组的；
（二）发布有关制作或者销售毒品、枪支、淫秽物品等违禁物品、管制物品或者其他违法犯罪信息的；
（三）为实施诈骗等违法犯罪活动发布信息的。

限制高消费就像一个紧箍咒一样，牢牢地限制住了"老赖们"。

帮助"老赖"逃避限制高消费是法所不容的，除了"非法利用信息网络罪"，还可能涉及更多的罪名。

第五回：给"老赖"戴上紧箍咒

1. 非法侵入计算机信息系统罪

如果修改、篡改了民航系统当中的数据，可能会构成非法侵入计算机信息系统罪。

2. 拒不执行判决、裁定罪

帮助失信人不履行判决和裁定，可能构成拒不执行判决、裁定罪的共犯。

法律权威不容挑战！

第五回：给"老赖"戴上紧箍咒

欲知后事如何，请看下回分解！

第六回：
莫让假币乱了套

第六回：莫让假币乱了套

第六回：莫让假币乱了套

第六回：莫让假币乱了套

第六回：莫让假币乱了套

第六回：莫让假币乱了套

芳芳有约

本期话题——伪造货币罪

五里桥茶馆

> 芳芳，我差点就心动了！

> 伪造货币，会对社会产生严重的危害！

伪造货币罪，是指违反国家货币管理法规，仿照货币的形状、色彩、图案等特征，使用各种方法非法制造出外观上足以乱真的假货币，破坏货币的公共信用，破坏金融管理秩序的行为。

我有一个小问题：如果技术不好，伪造得一点都不像呢？

对于伪造的货币应当注意必须是仿照真人民币或外币制造的,与真币相似的假币。如果不是仿照真人民币或外币制作的,则构成诈骗罪,不构成伪造货币罪。

伪造货币罪刑罚

处3年以上10年以下有期徒刑,并处罚金;

有以下情形之一的,处10年以上有期徒刑或无期徒刑,并处罚金或者没收财产。

（一）伪造货币集团的首要分子；

首要分子

（二）伪造货币数额特别巨大的；

（三）有其他特别严重情节的。

欲知后事如何,
敬请期待《唐生学法》(第七辑)!